VIE

DE

ROBERT GUERITEAU

PRESTRE

DOCTEUR EN THÉOLOGIE DE LA MAISON DE SORBONNE

CHANOINE ET CURÉ DE LA PAROISSE DE SAINCTE-CROIX

EN L'ÉGLISE ROYALE NOSTRE-DAME DE MANTES

ET FONDATEUR DES RELIGIEUSES URSULINES EN LA MESME VILLE

EXTRAIT DES OUVRAGES

DE

SIMON FAROUL ET DE PHILIPPE LE COUTURIER

PAR A. BENOIT

Conseiller honoraire à la Cour d'appel de Paris

PARIS

IMPRIMERIE PILLET ET DUMOULIN

5, RUE DES GRANDS-AUGUSTINS, 5

1886

VIE

DE

ROBERT GUERITEAU

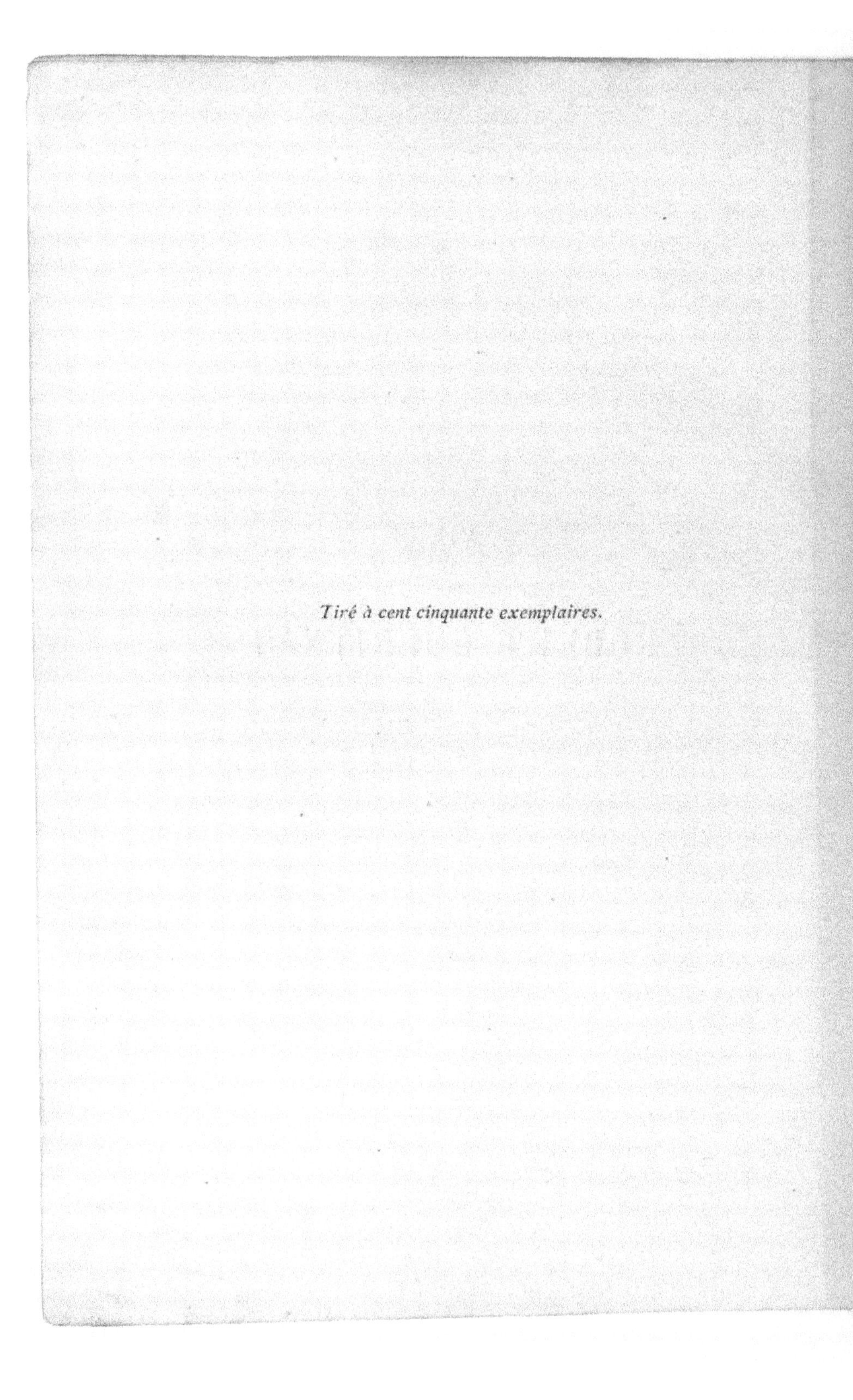

Tiré à cent cinquante exemplaires.

VIE

DE

ROBERT GUERITEAU

PRESTRE

DOCTEUR EN THÉOLOGIE DE LA MAISON DE SORBONNE

CHANOINE ET CURÉ DE LA PAROISSE DE SAINCTE-CROIX

EN L'ÉGLISE ROYALE NOSTRE-DAME DE MANTES

ET FONDATEUR DES RELIGIEUSES URSULINES EN LA MESME VILLE

EXTRAIT DES OUVRAGES

DE

SIMON FAROUL ET DE PHILIPPE LE COUTURIER

PAR A. BENOIT

Conseiller honoraire à la Cour d'appel de Paris.

PARIS

IMPRIMERIE PILLET ET DUMOULIN

5, RUE DES GRANDS-AUGUSTINS, 5

1886

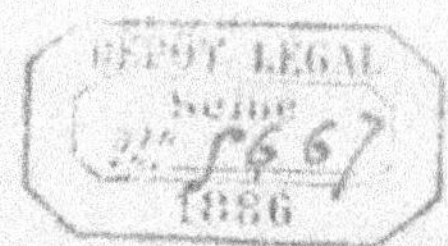

Venerable & discrette personne, M^tre Robert Gueriteau Docteur en
Theologie prestre Chanoine en leglise colegialle n^re Dame de Mante Curé
de Ste Croix en ladicte eglise, Fondateur & premier Directeur des Ursulines dudict
Mante, est decedé le 16e Jour de May, 1644. Aagé de soixante & trois ans & demy

Rouay pinxit · Moncornet excudit

VIE

DE

ROBERT GUERITEAU

D'APRÈS SIMON FAROUL

La vie du curé Robert Gueriteau, décédé à Mantes-sur-Seine en 1644, a été écrite, aussitôt après sa mort, tant par son ami Philippe Le Couturier, conseiller-secrétaire du roi, que par son élève et protecteur Simon Faroul, doyen de l'église collégiale de Notre-Dame de Mantes, protonotaire du Saint-Siège apostolique, et official de l'archidiaconé de Pinserais, au diocèse de Chartres.

L'œuvre de Le Couturier, munie d'un privilège en date du 17 novembre 1645, ne fut approuvée que le 4 février 1651 et imprimée dans le courant de cette même année. L'auteur était mort à l'âge de cinquante ans, le 17 août 1649, c'est-à-dire avant la publication de son livre. Cette perte prématurée est justement déplorée dans une épître dédicatoire, signée d'initiales par un religieux demeuré inconnu, qui dit avoir l'honneur de l'affinité avec le défunt. On lit dans cet ouvrage qu'il se fait des neuvaines sur la tombe de Gueriteau encore en la présente année 1649; et que Jean Robin, guéri, en 1647, par l'intermédiaire du saint curé, jouit d'une pleine santé *depuis plusieurs années*. Le livre de Le Couturier, bien que privilégié dès 1645, n'a donc été terminé qu'au moment d'être livré à l'impression, c'est-à-dire en 1651. Quant à l'œuvre du doyen Faroul, qui a été approuvée en avril et mai 1652, elle a été imprimée, sans privilège, en 1653.

On pourrait donc supposer que Faroul a mis à profit le travail de Le Couturier. Mais l'honnête doyen proteste énergiquement, dans un *Avis au lecteur*, contre cette apparence, en affirmant qu'il avait lui-même communiqué son manuscrit à Le Couturier, dont l'allié a pris les devants à l'imprimerie, pendant que ce manuscrit était entre les mains de Jacques Lescot, évêque de Chartres, à qui il avait dû être soumis avant d'être livré au public.

A part cette question de priorité, fort peu intéressante aujourd'hui, il est certain que les deux biographies ne peuvent que se ressembler beaucoup, les auteurs ayant, l'un et l'autre, une parfaite connaissance du sujet qu'ils traitent à l'envi, avec une égale affection.

Le Couturier a reçu sa mission des religieuses Ursulines; Faroul s'est lui-même donné la sienne, *ayant eu* dit-il, *la faveur de demeurer avec le défunt pendant neuf ans et de poursuivre mes études sous sa sage conduite.*

En sa qualité de laïque fervent, Le Couturier, tout en protestant de son respect pour l'Église, n'hésite pas à publier les guérisons miraculeuses qui peuvent attester la sainteté du vénérable défunt. Faroul, prêtre et doyen de l'église collégiale, est tenu à plus de réserve. Si donc il parle de Gueriteau comme d'un saint, il croit devoir garder, dans son livre, le silence sur ces miracles qu'il connaît pourtant bien, puisque, en sa qualité d'official, il a eu lui-même à les constater par des procès-verbaux d'enquête [1].

Il s'est glissé, dans chacune des deux biographies de Gueriteau, une faute qui consiste en ce que la mère de notre curé y est nommé *Rüetil*, au lieu de *Vêtil*. Nous possédons un exemplaire du livre de Faroul, qui a appartenu à Me Salomon Gueriteau (père de Côme), dont il porte l'*ex libris*. Le nom fautif de *Rüetil* est corrigé à la plume, sur cet exemplaire, par le barrage de l'initiale R (ce qui fait de l'*u*, devenant initiale, un V). Cette correction est très ancienne, car l'encre en a complètement jauni; elle est d'ailleurs parfaitement juste.

En effet la mère de notre curé Robert Gueriteau (fille d'Antoine Vêtil, bourgeois de Pontoise) figure sous le nom de Barbe Vêtil : 1°, en 1578, sur les registres de la Confrérie aux Clercs de Pontoise, en compagnie de son mari, Claude Gueriteau, procureur laïque; et 2°, le 28 janvier 1618, en l'acte qui constate son

1. Au témoignage de Côme Gueriteau, dernier du nom, l'un des doubles originaux de cette enquête canonique, écrit et signé de la main du doyen, existait encore, dans la seconde moitié du dix-huitième siècle, entre les mains de Salomon Faroul, dernier du nom, procureur au bailliage et siège présidial de Mantes.

2

propre décès (à l'âge de quatre-vingt-sept ans) et son inhumation dans l'église de Saint-Maclou.

La famille Gueriteau était très ancienne à Pontoise où elle a presque constamment exercé, par quelqu'un de ses membres, des fonctions qui la rattachaient à la magistrature. En 1430, Pierre Gueriteau est qualifié bourgeois de Pontoise, marguillier de l'église de Saint-Pierre. En 1500, Pierre Gueriteau (deuxième du nom) est également qualifié bourgeois de Pontoise. Sa femme, Loyse des Meurs, décède en 1534 et est inhumée en l'église des Cordeliers, à droite, avant de monter le premier degré du chœur; la pierre tombale, gravée en creux, la représente de grandeur naturelle, portant à la ceinture une cordelière, et priant les mains jointes. En 1520, Ferry Gueriteau, marié avec Henriette Fournier, fille du gouverneur de la ville, exerce les fonctions de notaire. En 1539, Pierre Gueriteau (troisième du nom) est procureur du roi; il assiste, en cette qualité, à l'assemblée des États pour la rédaction de la coutume de Senlis, qui régissait la châtellenie de Pontoise.

Les armes des Gueriteau, gravées sur la tombe de Loyse des Meurs, veuve de Pierre Gueriteau (deuxième du nom), inhumée le 8 avril 1534, étaient : *écartelé aux 1 et 4 d'argent plein; aux 2 et 3 d'azur, à trois molettes d'éperon d'argent, posées en fasce*. En 1600 elles furent simplifiées; car, depuis cette époque elles sont : *d'azur à la fasce d'argent, accompagnée de trois molettes d'éperon de même, posées 2 et 1*. Dans leur premier état, les armes de Gueriteau étaient gravées sur la principale porte d'entrée du fief important de *La Gripière*, que la famille possédait à quatre lieues de Pontoise. C'est dans leur deuxième état qu'elles apparaissent au portrait, peint sur bois, de Pierre Gueriteau, procureur du roi à Pontoise.

Les armes de Loyse des Meurs, femme de Pierre Gueriteau (deuxième du nom) étaient : *Une bande d'or traversant la totalité de l'écu, de gauche à droite; au milieu, une wivre d'argent.* Un seul et même écu réunissait les armes des deux époux, qui formaient ensemble quatre compartiments : 1 et 4 aux armes du mari; 2 et 3, aux armes de la femme.

Les père et mère de notre vénérable curé eurent un grand nombre d'enfants, notamment :

1° Pierre, procureur et greffier de l'hôtel de ville de Pontoise, marié avec Marie Gilbert et décédée avant 1617;

2° Nicolas, religieux chez les PP. Minimes;

3° Claudine, femme de Guillaume Robin, huissier à cheval au Châtelet de Paris, décédée le 2 mai 1626;

4° Anne, femme de Nicolas Bottey, procureur, décédée le 1er mai 1622;

5° Robert, notre vénérable curé.

Pierre, l'aîné, succéda au père, dans sa charge de procureur aux sièges royaux de Pontoise. Claude, fils de Pierre, d'abord procureur, devint lieutenant de l'élection de Pontoise. Il épousa Suzanne, sœur du doyen Faroul, qui s'honore personnellement de cette alliance dans l'avant-propos de son livre. Le 21 février 1605 il tenait à Mantes, sur les fonts baptismaux, Jeanne, fille de Christophe Faroul, lieutenant de l'élection. La famille s'est perpétuée à Pontoise où la ligne masculine s'est éteinte depuis plus d'un demi-siècle. En effet les deux derniers Gueriteau ont été : Salomon, procureur, décédé en 1779, et son fils Côme, également procureur aux sièges royaux et en l'officialité, décédé à Pontoise, le 26 décembre 1814[1].

La famille Gueriteau, tant avant qu'après notre curé Robert, a donné plusieurs de ses membres au clergé séculier et aux ordres religieux des deux sexes, notamment :

1° Robert Gueriteau, curé de Loconville, près Chaumont en Vexin, décédé en 1638;

2° Dom Robert Gueriteau, religieux profès de l'abbaye de Saint-Martin de Pontoise en 1577, devenu prieur du prieuré simple et régulier de Marquemont (diocèse de Rouen, doyenné de Chaumont en Vexin), décédé à Pontoise en 1620;

3° Nicolas Gueriteau (frère de notre curé Robert), religieux Minime au couvent du Bois de Vincennes, près

1. Côme Gueriteau n'a laissé que deux filles : *Etiennette*, femme de Joseph Davon de Collongues, et *Éléonore*, femme du sieur Philippe Gouriet. — Charles Gouriet, fils de Philippe, a épousé, à Montmartre, le 1er mai 1858, Alexandrine, née Davon de Collongues, sa cousine germaine. Il n'est issu de ce mariage qu'une fille, *Marie*, née aux Batignolles, le 26 avril 1859. Il existe encore d'autres descendants de Côme Gueriteau dans la ligne féminine.

Paris, décédé le 22 octobre 1642, après avoir été plusieurs fois supérieur correcteur dans les plus célèbres maisons de la province de France;

4° Barbe Bottey, dite *de Saint-Augustin,* supérieure de la maison de Sainte-Ursule de Mantes, dès avant 1644 (nièce de notre curé, par sa mère Anne Gueriteau);

5° Jean Robin, religieux Minime, existant encore en 1651 (neveu de notre curé, par sa mère Claudine Gueriteau);

6° Marie Gueriteau, dite *de Sainte-Agnès* (nièce de notre curé, par son père Pierre Gueriteau), née en 1593, devenue, le dimanche 28 juillet 1613, religieuse professe du prieuré royal hospitalier de Pontoise (ordre de Saint-Augustin) et, dès avant 1642, sous-prieure du même établissement. En 1624, elle s'était signalée par son zèle charitable au milieu des ravages exercés par la peste à Pontoise. Plus tard elle fut appelée par les doyen et chapitre de l'église de Laon à rétablir l'ordre dans l'Hôtel-Dieu de cette ville. Sa mission remplie, elle rentra à la fin d'octobre 1650 à Pontoise, où elle mourut le mardi 17 mai 1667, à l'âge de soixante-quatorze ans;

7° Guillaume Gueriteau, né le 10 décembre 1662, nommé vicaire en l'église de Saint-Maclou de Pontoise, en 1711, décédé le 15 mars 1730.

D'après le terrier de l'abbaye Saint-Martin, commencé le 16 septembre 1552, Claude Gueriteau, père de notre curé, avait acquis de Jacob Doré, Sébastien

Legal et autres, à Pontoise, rue de la Coutellerie, une maison tenant d'un côté et d'un bout aux héritiers Martin Barulland; d'autre côté, à la veuve et héritiers Thibault du Bois, d'autre bout, à ladite rue. Ce fut là qu'il mourut vers 1589, après avoir légué à l'église de Saint-Maclou une rente annuelle de vingt écus sol, assise sur sa maison. Il laissait à sa famille une certaine fortune. En effet lorsqu'après avoir pris d'assaut la ville de Pontoise, le 20 juillet 1598, Henri III et le roi de Navarre frappèrent ses habitants d'une contribution de guerre, la veuve de Claude Gueriteau fut taxée, dans la répartition, à une quote-part de 43 livres.

Ce fut dans cette maison de la rue de la Coutellerie, que naquit, le 1er janvier 1581, notre curé Robert Gueriteau. Il ne reste plus qu'à déterminer exactement l'emplacement de son berceau. Or une ancienne note manuscrite, non datée ni signée, conservée dans un exemplaire du livre du doyen Faroul, qui a appartenu à l'abbé Cordier, curé de Pontoise, décédé en 1866, porte que Robert Gueriteau est né rue de la Coutellerie, en une maison sise entre celle du sieur Beauval et celle du menuisier Chennevière. Ajoutons à cela que Côme Gueriteau, dernier du nom, procureur à Pontoise, demeurait lui-même rue de la Coutellerie, où il est décédé (nous l'avons déjà dit), le 26 décembre 1814. Sa veuve (Victoire Guillot) et ses deux filles (les dames Gouriet et Davon de Collongues) vendirent cette maison, le 2 décembre 1817, au sieur Rivo, menuisier à Pontoise.

Cette maison, portant aujourd'hui le numéro 30 (anciennement n° 27), dans la rue de la Coutellerie, est sise entre la maison n° 28, appartenant à Mme Dubois (successeur du sieur Beauval) et la maison n° 32, appartenant encore aujourd'hui au petit-fils de Chennevière. Elle figure au plan cadastral (section M, n° 266) pour la contenance totale de 1 are 90 cent. Elle a, sur la rue, 5 mètres 36 centimètres de façade, présente, au rez-de-chaussée, une porte et une fenêtre, et est élevée, au-dessus, d'un étage éclairé de deux fenêtres et surmonté de mansardes.

Bien qu'il soit constant que Gueriteau soit né à Pontoise le 1er janvier 1581, l'acte de son baptême ne s'y trouve pas. Et il a sans doute disparu depuis longtemps. En effet, dès 1805, le procureur Côme Gueriteau déplorait les lacunes qu'il avait constatées dans les registres des actes de baptême de Pontoise, lacunes qui, disait-il, l'empêchaient de connaître les noms des parrain et marraine du vénérable frère de son quadrisaïeul.

Nous verrons, dans le livre du doyen Faroul, comment Robert Gueriteau devint en 1623 curé de la paroisse de Sainte-Croix en l'église collégiale de Notre-Dame de Mantes. Déjà il avait failli obtenir cette charge ecclésiastique plusieurs années auparavant, en 1612, c'est-à-dire à l'âge de trente et un ans. En effet le curé Simon Faroul (oncle du doyen Simon Faroul) avait, de son vivant, désigné Robert Gueriteau, pour devenir, après son décès, son successeur à la cure de Sainte-Croix. Cependant, ce décès arrivé en 1612, Maximilien Lormier, présenté par le doyen Bourgeois (un des prédécesseurs du doyen Faroul), l'emporta sur Gueriteau, bien que celui-ci eût obtenu l'approbation de la cour pontificale, en ces termes : *Concessum ut petitur, in præsentia domini nostri Papæ. Datum Romæ apud S. Petrum, tertio idibus maii, anno septimo*[1]. A Paris, le grand conseil dut faire prévaloir le droit de présentation du doyen de la Collégiale sur la volonté du pape Paul V.

Cet échec, tempéré même au moment par l'obtention, à Notre-Dame de Mantes, d'un canonicat simple qui n'obligeait pas à résidence, permit à Gueriteau d'aller à Paris continuer et mener à fin ses études théologiques. Il soutint, le 23 janvier 1617, une de ses thèses de théologie (*pro majore ordinariâ*) sous les auspices de Jean Bourgoin, docteur de Sorbonne, de l'ordre des Carmes; il l'avait dédiée à Roland Hébert, docteur de Sorbonne, curé de Saint-Côme et ancien grand pénitencier de l'église de Notre-Dame de Paris.

Lors du décès de M. de Boves de Rancé, grand vicair de Pontoise, Gueriteau fit des démarches dans le but de lui succéder en cette dignité. Mais il échoua devant un autre candidat, Pierre Acaric, fils de Jean-Pierre Acaric, maître des comptes, l'un des plus fameux ligueurs, et de Barbe Avrillot (fille d'un autre maître des comptes) qui, devenue veuve en 1613, fonda l'ordre des Carmélites reformées de France, se retira modestement dans le couvent de Pontoise où elle décéda en 1618 et fut mise par le pape

1. Actes capitulaires de Mantes, du 4 juillet 1612.

Pie VI, en 1791, au nombre des bienheureuses sous le nom de *Sœur Marie de l'Incarnation*.

Toutefois il paraît que Gueriteau venait d'obtenir la succession de M. de Boves de Rancé, à la cure de Notre-Dame de Pontoise, sans en avoir encore pris possession, lorsque le doyen Simon Faroul, réalisant enfin le vœu de son oncle feu le curé Simon Faroul, présenta Gueriteau pour la cure de Sainte-Croix à Mantes, vacante par le décès de Charles Purget. Gueriteau hésitait entre la cure de Pontoise et celle de Mantes; mais son ami et conseil, André du Val[1], le détermina en faveur de cette dernière cure, dans laquelle il fut installé le 23 octobre 1623, à l'âge de quarante-deux ans. Nous avons constaté que, deux ans après sa prise de possession, le nouveau curé avait sérieusement amélioré la rédaction des actes de baptême.

Gueriteau, conservant dans son cœur le souvenir de sa ville natale, ne manqua pas d'aller la visiter en diverses circonstances. Par exemple, le 12 mars 1608, il tint à Pontoise, sur les fonts baptismaux, son petit-neveu Robert, fils de Claude Gueriteau et de Suzanne Faroul; et le 5 février 1624, il célébra, à Pontoise, le mariage de Guillaume Robin le jeune, son neveu, avec Geneviève Duvivier.

On ignore quelle était à Mantes la maison habitée par Gueriteau. Suivant la tradition, elle était dans le quartier

1. André du Val, docteur de Sorbonne, professeur du roi en théologie, doyen de la Sacrée Faculté de Paris, supérieur des Religieuses carmélites de France, décédé à l'âge de soixante-quatorze ans, en 1638. Son portrait a été gravé par Michel Lasne.

appelé *Le Fort*, c'est-à-dire au-dessous de l'église de Notre-Dame. C'est là qu'il est décédé le 16 mai 1644. Cette date est absolument certaine; mais l'acte d'inhumation a disparu des registres des actes de l'état civil.

Quatre jours avant sa mort, le 12 mai, notre curé avait fait son testament devant Me Noël Bezanson, notaire à Mantes, et il y avait ajouté, le lendemain, un codicille qu'il n'eut pas la force de signer. Nous avons vu ces deux pièces si dignes de respect en l'étude de Me Voland, notaire à Mantes, dépositaire des minutes de Me Noël Bezanson. Nous nous faisons un devoir de les reproduire ici textuellement, sauf l'orthographe et la ponctuation, et intégralement, sauf quelques lignes rongées par les vers dans le bas des pages. Nous attirons spécialement l'attention des lecteurs sur la remarquable fondation qui est le but du codicille, celle des *Filles de la Congrégation* ou *Union chrétienne*.

Cette fondation, éminemment morale et charitable, est tout entière dans ce codicille. C'est donc à tort que le chroniqueur Chrestien a dit : « C'est vers 1655 que se fit à Mantes l'établissement des Filles ou Sœurs de la *Congrégation de la Vierge*, depuis nommées Sœurs de l'*Union chrétienne*. M. Gueriteau, qui mourut l'an 1644, avait déjà donné quelque commencement à cette communauté, mais M. Louytre, chanoine et curé de Sainte-Croix, son successeur immédiat, y donna la perfection.

Après avoir recommandé son âme à Dieu le Créateur, aux prières de la glorieuse Vierge Marie, sa bonne maîtresse, et à tous les saints et saintes du paradis, Gueriteau demande à être inhumé dans le monastère des religieuses Ursulines de Mantes, suivant la permission qui lui en avait été donnée, par écrit, par Monseigneur (Jacques Lescot) évêque de Chartres. S'il se trouvait à cela quelque difficulté, il veut être inhumé dans l'église de Notre-Dame, vis-à-vis l'image de Sainte-Geneviève, proche la chapelle de la cure.

Il désire que, avant sa sépulture chez les Ursulines, son corps soit présenté en l'église de Notre-Dame, où il reposera devant la chapelle de la cure, durant le premier service, lequel sera fait dans la nef, où il y aura le luminaire blanc, *sans aucunes armoiries*.

Il lègue[1] : 1° aux religieux Cordeliers de Mantes, une somme de 150 livres tournois; 2° aux pères Capucins, la somme de 200 livres; 3° à la fabrique de la cure de Sainte-Croix, la somme de 30 livres, pour une fois payer, et en outre 7 livres de rente; 4° à MM. de la communauté de l'église de Notre-Dame, 7 livres tournois de rente; 5° à la cure de Sainte-Croix, une chasuble de camelot rouge et tous ses autres ornements d'autel, à la réserve de son voile de satin blanc, qui demeurera aux Ursulines, avec sa chasuble de velours noir; 6° à l'Hôtel-Dieu de Mantes, 100 livres qui seront employées pour le linge des pauvres;

1. En marge de la minute du testament et de la minute du codicille, on lit : « Fait expédition, 13 octobre 1779. » Il n'est pas douteux que Côme Gueriteau ait levé ces deux expéditions; mais sa famille ne les possède pas.

7° au second régent du collège de Mantes, qui n'avait que sa messe ordinaire, 50 livres de rente, à la charge de célébrer la messe au monastère des Ursulines, les fêtes et dimanches; 8° aux filles lingères et couturières vivant en société, la somme de 200 livres de rente, à la charge d'apprendre gratuitement à quatre pauvres filles de Mantes à coudre en linge et en habits; 9° (legs annulé par le testament même); 10° à tous ses petits-neveux et nièces, qui iraient pour une tête et par représentation de leurs père et mère, chacun 600 livres; 11° aux filles couturières, l'*Année chrétienne* en 4 volumes; et à la sœur Françoise Bezanson, les *Méditations*, de Dupont, avec la *Perfection religieuse* et tout ce qui est des œuvres du même auteur; 12° à M. Nicolas Duval, prêtre, vicaire de la cure de Sainte-Croix, somme suffisante pour lui faire une soutane de serge de Londres; 13° à Nicolas Lamy, son domestique, un habit de deuil de serge de Mouy ou autre serge; et à Parquelle Baux, gardienne de sa maison, une somme de 25 livres; 14° à douze pauvres hommes veufs et à douze pauvres femmes veuves, chacun une pistole valant dix livres, pour être employée à les habiller; 15° aux pauvres honteux, la somme de 50 livres qui leur sera distribuée; 16° à tous ses filleuls et filleules, chacun un écu d'or; et à ses neveux et nièces, qui sont également ses filleuls et filleules; autres que ceux qui sont absents, chacun un habit de valeur de 30 livres. — Il donne et délaisse aux dames Ursulines le surplus de ses autres biens meubles, acquêts et conquêts immeubles.

Il nomme pour exécuteurs testamentaires, comme fidèles et bons amis, Mᵉ Eustache Fleurette, prêtre, chanoine de l'église Notre-Dame de Mantes, et honorable homme Christophe Hédouyn, officier de la feue reine. Il donne au premier son *Bréviaire*, en deux volumes couverts en maroquin rouge; au second, une demi-douzaine de cuillères et fourchettes d'argent.

Par son codicille, Gueriteau donne cinq mille livres tournois, dont le revenu sera, chaque année, remis, par les religieuses Ursulines, à la Société de filles dite *Congrégation*, à la charge d'avoir entre elles une maîtresse de couture en drap et une en linge, et d'enseigner continuellement à quatre pauvres filles, choisies par les religieuses Ursulines et par la supérieure de la congrégation, le métier de couturière ou de lingère, jusqu'à ce qu'elles sachent suffisamment leur métier pour gagner leur vie, sans toutefois qu'elles puissent demeurer plus de dix-huit mois ou deux ans en apprentissage. Quant aux filles de la Congrégation, leur société ne pourra être que de cinq à six, sans pourtant exclure les veuves un peu à leur aise qui voudraient se retirer parmi elles, pour y travailler et y vivre religieusement.

Tel est le résumé des dispositions testamentaires du curé Gueriteau, auxquelles nous ne regrettons pas d'avoir donné ici une grande place. Il en résulte que le testateur a réservé sa fortune patrimoniale à ses héritiers légitimes, sans les nommer, et qu'il a institué les religieuses Ursulines légataires universelles du surplus de ses biens. On verra que, lorsque Gueriteau les appela de Pontoise à Mantes en 1629, elles n'étaient qu'au nombre de trois, savoir : sa nièce, vénérable Mère sœur Barbe Bottey, dite de Saint-Augustin, supérieure ; une seconde sœur et une converse. Or il leur fit de son vivant tant de libéralités, qu'elles étaient, lors de son décès, en mai 1644, au nombre de quinze, comme on le voit dans les actes dressés à cette occasion par Noël Bezanson, notaire à Mantes. Il est vrai que l'établissement continua à prospérer, car, suivant les *Mémoires* manuscrits de Chrestien et des Boys, l'église des Ursulines fut bâtie à neuf en 1675.

Le portrait de notre curé a été peint, de son vivant, par Rozay, *maître peintre*, demeurant à Paris, mais né à Mantes, où il avait épousé Marguerite, sœur du chirurgien Dantan. En juin 1641, cet artiste tenait, à Mantes, sur les fonts baptismaux, sa nièce Jeanne, fille de Henri Moreau, chirurgien, et de Robine Dantan. L'acte de baptême est écrit en entier et signé de la main de notre curé. L'œuvre de Rosay, qui sans doute n'existe plus, paraît avoir appartenu au doyen Faroul ; car, d'après le procureur Côme Gueriteau, Faroul avait écrit, au bas d'un *portrait en peinture* de notre curé, le distique suivant :

Allicit iste gregem vocis dulcedine pastor ;
Exemplo melius sed prodeunte trahit.

La peinture de Rozay a été gravée, vers 1651, pour la grande collection de portraits éditée par Montcornet.

Gueriteau est représenté en buste, coiffé de la calotte, revêtu du surplis, portant sur l'épaule droite la chausse de docteur en théologie. Il prie, les mains jointes, devant le crucifix. Sa figure est maigre et barbue; ses yeux sont grands et ils brillent des clartés de la foi. Cette gravure, dont l'auteur inconnu n'est pas sans mérite, se trouve inscrite dans un médaillon ovale, à bordure, qui a 13 centimètres de hauteur. On lit, au-dessous du médaillon, cette légende en quatre lignes :

Vénérable et discrette personne Me Robert Gueriteau, docteur en | Théologie, prestre chanoine en l'église colégialle notre Dame de Mante, curé | de Ste Croix en la dicte église, Fondateur et premier Directeur des Urselines dudict | Mante, est décédé le 16e jour de may 1644. Aagé de soixante et trois ans & demy.

Rozay pinxit. Montcornet excudit.

On connaît cette gravure en quatre états différents :

1° Sans date et sans armes;

2° Sans date, avec armes en dehors du médaillon, dans l'angle supérieur, à gauche du spectateur;

3° Avec armes et la date de 1651 ajoutée entre le médaillon et la légende, à gauche.

4° Même état, avec feuillage formant la bordure ovale qui, dans les trois états précédents, est unie.

La gravure de la collection Montcornet a été, dès sa publication, copiée et réduite à 11 centimètres. Cette seconde gravure, qui laisse beaucoup à désirer, paraît avoir été exécutée, à la demande des Ursulines, pour en orner le livre de Le Couturier, auquel elle est habituellement jointe.

Il paraît que la sculpture avait également reproduit les traits du curé Gueriteau, à en juger par ce préambule de l'épitaphe en marbre que les Ursulines avaient fait appendre, près de sa tombe, contre le premier pilier à gauche du chœur de Notre-Dame (du côté de la sacristie), pilier auquel était adossé l'autel de la chapelle de Sainte-Croix :

Adsta viator et boni pastores,
Hoc in marmore, vultum agnosce.

Enfin un manuscrit de la bibliothèque de Mantes, disposé en éphémérides et s'arrêtant à l'année 1763, nous dit, sous la date de 1664 : « Le 16 mai est mort, à Mantes, M. Robert Gueriteau, prêtre, curé de Sainte-Croix, qui est tenu pour un saint. Son corps est dans un cercueil de plomb ; il est enterré à Notre-Dame, vis-à-vis la chapelle de la cure, *sous une tombe de pierre plate, où il est représenté en habits de prêtre.* »

L'exemplaire du livre de Faroul, qui porte en manuscrit, sur le titre, *ex libris Gueriteau,* nous a conservé, *in fine,* sur le recto d'un feuillet blanc, une copie de l'inscription placée au-dessous de la grille du chœur des dames Ursulines ; la voici :

Pour Mémoire perpétuelle de la chose :

« Cy gyst

« Le cœur de vénérable et discrette personne | Mre ROBERT GUERI-

TEAU, docteur en la faculté | de Théologie de la Sorbonne, premier chanoine et curé en l'église Notre-Dame | de Mantes, fondateur et premier directeur | du monastère de saincte Ursule, de cette mesme | ville. Lequel a fondé la messe Conventuelle | pour tous les jours de l'année, pour estre ditte | à perpétuité à son intention ; et le DE | PROFUNDIS à la fin d'icelle ; a aussi fondé | une autre messe à perpétuité, pour estre ditte à | la commandite des Religieuses, tous les dimanches | et festes, par le second régent du collége. Il décéda l'an de nostre Seigneur 1644, le | le seize may, âgé de 63 ans, quatre mois et | seize jours. »

La réputation de sainteté de Robert Gueriteau est attestée par plusieurs témoignages historiques auxquels nous allons faire des emprunts textuels.

« Robert Gueriteau, qui mérite d'avoir ici son rang parmi les illustres de sa patrie, naquit, en 1581, de Claude Gueriteau, officier au bailliage de Pontoise, et de Barbe Ractel (lisez *Vétil*)..... Vraiment chrétien et plein d'un zèle apostolique, il s'exerça à l'emploi du salut des âmes, tantôt par des catéchismes et instructions publiques dans l'église de Saint-Jean en Grève, tantôt par des prônes dans l'église de Saint-Sulpice; ce qui le disposa à suivre la Providence qui le destinoit pour être l'*apôtre* de Mantes..... Il faudroit un discours entier pour expliquer en détail tout le bien que cet homme apostolique fit dans cette ville..... Après une si sainte vie, il y mourut de la mort des *saints*, en 1644. » (*Abrégé des antiquitez de la ville de Pontoise, par Louis Duval.* Rouen, Cabut, 1720, in-8, p. 60).

« En 1581, une des prébendes de Notre-Dame de Mantes fut unie à la cure de Sainte-Croix, à la charge que, cette cure et prébende ainsi unies venant à vacquer, il y seroit pourvu alternativement par M. le duc d'Alençon, frère du roi, à cause de son comté de Mantes, et par le doyen du chapitre. M. Jean Deschamps, qui fut le premier curé-chanoine, résigna cette cure et prébende à M. Simon Faroul, après la mort duquel M. Robert Gueriteau, dont la mémoire est ici en vénération et où *il est regardé comme un saint*, en prit possession.... » (*Mémoires historiques* [inédits] *pour servir aux Antiquitez de la ville de Mantes, par MM. Chrestien et Des Bois, revuz, corrigez et augmentez en* 1734, fol. 106 ou page 197).

« L'an 1629, se fit en cette ville de Mantes l'établissement des religieuses Ursulines. Leur instituteur fut M. Gueriteau, ancien chanoine et curé de Sainte-Croix, dont le corps est inhumé à côté de cette chapelle de la cure; et le cœur, enfermé dans le corps de mur qui fait l'appui de la grille d'entre le chœur de dehors et celui de dedans de ces dames religieuses, qui le conservent comme un précieux trésor, par *l'opinion de sainteté que*, je l'ay ci-dessus dit, *nos habitans avoient de ce vénérable curé* » (Ibidem, fol. 115 ou p. 215).

« M. Gueriteau, né à Pontoise, curé de Sainte-Croix de Mantes est enterré dans l'église Notre-Dame de cette ville, côté gauche, entre la sacristie et la chapelle Sainte-Geneviève, plus près de cette chapelle. — *Vénéré comme un saint.* — Les bonnes gens le nomment *Saint Gueriteau* et s'adressent à lui pour les enfants fiévreux qui marchent difficilement. » (Note manuscrite conservée dans un exemplaire de la *Vie de Gueriteau*, par Simon Faroul, ayant appartenu à l'abbé Cordier, curé de Pontoise, décédé en 1866).

Le portrait de Gueriteau, peint par Rozay, s'est depuis bien longtemps perdu. Au milieu des excès de la révolution française, l'épitaphe en marbre du pilier de Sainte-Croix, ainsi que la pierre tombale, ont été brisées; le cercueil a été violé et les ossements dispersés. Soixante ans plus tard, la chapelle du couvent des Ursulines et le couvent lui-même, avec son cloître, ont été successivement démolis, vers 1855, pour faire place à la maison d'arrêt et à la caserne de gendarmerie; la boîte d'argent contenant le cœur du vénérable fondateur a été dérobée: l'épitaphe en marbre, constatant ce précieux dépôt, a été détruite. Enfin, aucune des fondations de Gueriteau, notamment la congrégation de l'Union chrétienne, n'a été respectée par la révolution. L'église de Mantes ne prie même pas nommément pour lui; il est sans doute compris tacitement dans l'oraison collective *pro pluribus defunctis*.

Nous devons dire ici quelques mots des deux biographes de Gueriteau, c'est-à-dire de Le Couturier et de Faroul.

Philippe Le Couturier, issu d'une ancienne famille de Pontoise, naquit à Mantes le 16 septembre 1598, et y eut pour parrain Philippe de Béthune, baron de Rosny. Il était fils unique de Marguerite Coulon et de Jean Le

Couturier, lieutenant général civil et criminel au bailliage et siège présidial de Mantes, maître des requêtes de la reine Marie de Médicis, député aux Etats-Généraux de Paris en 1614, qui mourut à l'âge de quatre-vingt-cinq ans, le 28 décembre 1654. Philippe devint, en 1643, conseiller secrétaire du roi à Paris; et il décéda, à l'âge de cinquante ans, le 17 août 1649, laissant plusieurs enfants de son mariage avec Anne Sauboys. Un de ses fils, Pierre Le Couturier, aumônier du roi, succéda, en 1655, à Simon Faroul, en qualité de doyen de l'église collégiale de Notre-Dame de Mantes. Un chroniqueur en dit que c'était un homme très docte et qu'il avait la façon d'un prélat. Un autre descendant de Philippe, Rodolphe Le Couturier de Chauvincourt, âgé de quarante ans, périt avec sa femme, le 13 juin 1673, dans la chute du pont Bouffard, en amont de Mantes. Le rameau mantais de la famille Le Couturier paraît s'être éteint, dans la ligne masculine, en la personne de Rodolphe Le Couturier, seigneur de Chauvincourt, décédé à Mantes, à l'âge de quatre-vingt-six ans, le 8 avril 1744.

Parmi les demoiselles Le Couturier, nous citerons: 1° Marie, femme de Gaspard de Dampont sieur de La Chartre, qui, en 1649, tenait à Mantes, sur les fonts baptismaux, le fils d'Eléonor d'Abos, seigneur de Socourt; 2° Elisabeth, femme de Guillaume Coulon, écuyer, sieur de Villiers et de Chantereine, président au présidial de Mantes; 3° Louise, veuve de Louis Le Ber, contrôleur général des ponts et chaussées de France, qui épousa, en secondes noces, à Mantes, le 26 novembre 1669, Nicolas d'Amonville, seigneur de Boinville et de Lymay; 4° Marie-Antoinette, veuve de Louis de Mézière de Lespervenche, décédée en 1752, âgée de quatre-vingt-cinq ans.

Les épitaphes de plusieurs membres de la famille Le Couturier, décédés à Mantes, étaient attachées dans l'église de Notre-Dame, entre les trois premières croisées en entrant, et elles étaient surmontées de leurs bustes.

Simon Faroul, fils de Christophe Faroul, sieur de Dampont, lieutenant en l'élection, est né à Mantes, vers 1590. Il devint, en 1617, doyen de l'église collégiale de Notre-Dame, en remplacement de Hubert Desbarres, et cette année même, le 17 novembre, il harangua Louis XIII, qui était venu à Mantes. Après avoir exercé ses hautes fonctions pendant trente-huit années, il décéda en 1655, le 28 *juin*, et il fut inhumé le lendemain, jour de la fête de saint Pierre et saint Paul, avec le contre-temps d'une pluie extraordinaire. Nous n'avons trouvé ni son acte de baptême, ni son acte d'inhumation. Ce dernier acte aurait pu être suppléé par l'épitaphe du doyen; mais les nombreux débris de marbre, qui existent encore, sont incomplets et ne permettent pas d'y puiser des indications précises.

Il avait un frère aîné, Salomon Faroul, sieur de Dampont, lieutenant en l'élection de Mantes et maire *politien*, et une sœur, Suzanne Faroul, qui épousa

Claude Gueriteau, procureur au bailliage de Pontoise.

Avant d'écrire la vie de son ancien maître, il avait publié un volume intitulé: *De la dignité des rois de France et du privilège que Dieu leur a donné de guérir les escrouelles; ensemble La Vie de Sainct Marcoul*,etc. (Paris, Chaudière, 1633; 258 pages, outre 11 feuillets liminaires). Ses armes portaient : *d'azur, au croissant d'argent et aux trois soucis d'or.* Cette famille, dont plusieurs membres ont appartenu (avant et après le doyen) au clergé de Mantes, s'est éteinte, dans sa ligne masculine, en la personne de Salomon Faroul, ancien doyen de la communauté des procureurs au bailliage et siège présidial de Mantes, décédé à l'âge de quatre-vingts ans, le 9 mars 1772.

Parmi les demoiselles Faroul, nous citerons : 1° Marguerite, qui, en 1686, épousa Louis de Bauche, écuyer, sieur de Colombel ; 2° Marguerite, mentionnée, à la date de 1687, comme femme de Pierre du Perron, écuyer, garde du corps du roi; 3° Marie-Marceline, femme de Lafayette du Vernay, écuyer, garde du corps du roi à Mantes, en 1735; 4° Marie-Victoire, veuve, en 1789, de André de Roussel, chevalier, seigneur de Lesseville (en Vexin).

Faroul termine ainsi un *Avant-propos :* « Je me suis efforcé de représenter naïvement, sans artifice et déguisement, la vie de Gueriteau, sachant que les braves exploits des hommes illustres, ainsi que leurs beaux visages, paraissent plus agréables par leur naïveté que sous le fard et le vermillon trompeur. »

Néanmoins, il commet la même faute que Le Couturier. Chacun d'eux tient à faire preuve d'érudition tant sacrée que profane et étale un luxe incroyable de citations. La vie du digne curé est un canevas qui disparaît sous de lourdes broderies. Il n'y a rien, il faut en convenir, de plus emphatique, de plus fastidieux. Aussi tandis que la mémoire de Gueriteau est restée l'objet d'un véritable culte, les deux biographies sont-elles tombées dans un entier discrédit, qui seul a fini par en faire pour les bibliographes deux raretés, dont l'une existe à la Bibliothèque nationale, et l'autre, à la Bibliothèque de l'Arsenal.

Réimprimer *in extenso* les livres de Le Couturier et de Faroul ne serait donc pas œuvre sage. Mais c'est bien mériter des âmes pieuses et, en particulier des fidèles de Mantes et de Pontoise, d'extraire de la composition si digne de foi du doyen de Notre-Dame les faits qui constituent la vie proprement dite de Gueriteau, et d'y ajouter les quatre derniers chapitres du livre de Le Couturier, contenant le récit des miracles qui accompagnèrent et suivirent le décès du saint pasteur, et reproduisant son épitaphe en l'église de Notre-Dame.

Sauf quelques transpositions, nous respectons religieusement le texte et ne faisons qu'émonder les branches luxuriantes, c'est-à-dire les comparaisons ampoulées, les digressions parasites, les hors-d'œuvre philosophiques. Ici le diamant, c'est le cœur du livre. En voulant (folle prétention) le faire briller davantage, on l'a comme enseveli dans une gangue dont nous avons dû l'extraire pour lui restituer son pur éclat.

Nous espérons que cette seconde édition ne sera pas moins intéressante qu'édifiante. Nous en rendons d'ailleurs la lecture plus facile pour tous, en l'accommodant à l'orthographe et à la ponctuation modernes.

VIE

DE

ROBERT GUERITEAU

PAR PHILIPPE LE COUTURIER

EXTRAIT

§ XXVI

DU LIEU DE SA SÉPULTURE ET DE LA CONTENTION SUR CE SUJET

Cependant les peuples étonnez regardent cette mort comme le couchant d'un astre qui s'en va éclairer ailleurs et qu'ils ne reverront plus. Et voulans rendre à ce cher Pasteur les derniers honneurs en ses funérailles, il survint un choc et débat en l'abondance d'affection pour le lieu de sa sépulture. Ce n'est pas la dispute d'entre le bon Ange et le mauvais [1] telle *qui* arriva autres fois pour le corps de Moïse; mais c'est plus tost une contention qui approche de celle d'entre ces bienheureux Esprits tutélaires de la Perse et de la

1. *Cum Michael archangelus cum diabolo disputans altercaretur de Moïsi corpore.* (In Ep. Jud.) — *Princeps autem regni Persarum restitit mihi uno et vigenti diebus.* (BERN., 10, 13.)

Judée, qui voulaient chacun de leur part posséder le peuple de Dieu. Le collège canonial prétend le dépost honorable de ce corps dans le chœur de l'Église, lieu principal parce que c'est un confrère : mais le peuple demande au milieu de la nef, parce que c'est leur Pasteur; et les religieuses de Sainte-Ursule protestent qu'il leur appartient, parce que c'est la volonté de leur père portée par son testament. Le chapitre avec les magistrats apaisent ces murmures par une équitable prudence, ainsi qu'avec un peu de poussière on *accoise* les séditions des abeilles; et ils règlent d'un commun consentement que le corps de ce vénérable Curé serait inhumé auprès de la Chapelle de la Cure, après que son service aurait été célébré solennellement dans le chœur; et que son cœur serait porté en la maison de Sainte-Ursule pour y demeurer : ce qui estait toujours conforme à la volonté du deffunt qui l'avait ordonné de la sorte, en cas de conteste et de difficulté qu'il avait judicieusement prévues.

Et ainsi fut rendu le dernier honneur à ce digne personnage par un célèbre service qui fut fait sur son corps au lieu le plus honorable de l'Église, par le grand concours de peuple au milieu du clergé et des magistrats. Ainsi le corps de ce bon Pasteur fut laissé à son troupeau et placé parmi ses ouailles, ainsi le cœur de ce bien-aymé Père fut mis entre les mains de ses plus chères filles, qui, luy rendant de leur part toutes les marques d'une rare piété et d'une parfaite gratitude, pensèrent d'abord, recevant ce cœur, le noyer de leurs larmes. Et quelques jours après, M. le Doyen, accompagné de Messieurs les Chanoines et de tout le Clergé, à la face d'un chacun, remit ce précieux dépost, qui avait esté retiré pour l'enfermer dans une boëtte d'argent, il la remit, dis-je, à son propre centre, ou plustot à son propre sang, en la personne de la Révérente Mère alors Barbe de Saint-Augustin, la fidelle niepce du défunt, très digne religieuse en cette même maison de Saincte-Ursule. Toute la Communauté le receut et l'honora de rechef comme le gage de la plus tendre et plus sensible dilection de ce Père commun, et tel qu'une relique d'ailleurs très vénérable, et le posa au milieu du chœur conventuel, en un lieu éminent que l'on a orné depuis d'un Epitaphe de marbre. Enfin M. le Doyen couronna cette action par une belle harangue qu'il fit à la louange de ce très digne fondateur.

§ XXVII

DES REMARQUES ET DE QUELQUES PARTICULARITEZ DE SON CŒUR

Mais que veut dire la circonstance remarquable qui fait partie de cette action céleste? M. le Doyen, rapportant ce cœur, le sent tout chaud entre ces mains, au travers de cette boëtte d'argent froide de soy, après huit jours entiers qu'il avait esté tiré du corps. De plus les religieuses de la maison de Saincte-Ursule, après plus de quarante jours, apperceurent cette boëtte qui dégouttait du sang et qui estait pénétrée comme par des trous d'épingle et d'aiguille dans l'argent au-dessus des emboistures, en telle sorte que ce sang frissonnant et bouillant ainsi sortait et rentrait par les mesmes trous, quoyque ce cœur, fort petit naturellement, eust esté vuidé et coupé en tous les endroits par le chirurgien qui l'embausma. Il semble que ces choses ne soient pas sans mystère. Le cœur d'un Germanicus après avoir esté empoisonné ne peust jamais estre consumé par les flammes après sa mort; ce cœur-cy au contraire, embrazé vivement de l'amour divin, paraist vouloir conserver tousjours sa chaleur vitale; c'est pourquoy il bouillonne encore mesme de cette sorte. Mon cœur est élargi vers vous, ô Corinthiens[1] ! disait sainct Paul, pour témoigner l'ardeur de son affection envers ce peuple. Et voicy que le cœur de ce bon Père se fond et se répand de nouveau et veut sortir comme hors de soy, au milieu de ses chères filles, pour faire voir, ce semble, en la terre, la charité qu'il leur conserve dans le ciel. Et ces mesmes chères filles ont recogneu, bientost après, les effets de cette charité; car elles confessent qu'en toutes les affaires et les traverses, qui leur sont depuis arrivées, elles ont receu et expérimenté sensiblement de grands secours et de vrayes consolations aussi-tost qu'elles se sont approchées de ce cœur charitable pour prier Dieu, par la jonction des mérites et des intercessions

1. *Os nostrum patet ad vos, ô Corinthii ! Cor nostrum.*

de ce bon Père. Ce cœur leur est ainsi qu'autres fois celuy de ce poisson mystérieux dont la fumée chassait les malins esprits, incontinent qu'il avait été mis sur les charbons ardans [1]. Et il semble que désormais ces bonnes filles en toutes leurs afflictions n'ont presqu'à dire à ce bien-heureux Père, à l'imitation de saincte Catherine de Sienne, depuis que son Espoux Jesus luy eust donné son cœur : nous vous recommandons vostre cœur [2]. Bienheureuses ces très chères filles du trésor admirable qu'elles possèdent en ce cœur [3], elles ne sont point jalouses toutes fois de ce cœur; elles sont toujours prêtes à communiquer aux autres les grâces et les faveurs de ce cœur bien-faisant; elles sont les vrais filles des Vertus et de la Charité de ce bon Père qui, de sa part, regarde du haut du Ciel tous ceux qui invoquent ses suffrages. Il a esté de son vivant le Père commun de la Patrie par ses bienfaits, et il l'est encore aujourd'huy par le secours de ses prières. Son tombeau honoré d'un concours de peuple continuel est l'azile ordinaire des affligez, et la voix publique parle ouvertement de ses miracles, dont le plus grand de tous a esté son humilité très profonde qui de soy vaut mieux qu'un mort ressuscité, disaient les saincts Pères du désert [4]. Mais puisque Dieu veut favoriser ce rare personnage de

1. *Cordis ejus particulam si super carbones ponas sumus ejus extricat omne genus daemoniorum, etc.* (Tob., cap. 6.)

2. « Monseigneur, je vous recommande vostre cœur en sa vie. »

3. *Ubi thesaurus tuus, ibi cor tuum.* (Matth., c. 6.)

4. « Saint Antoine et saint Pacôme en leurs vies. »

ces actions extraordinaires, la remarque en est convenable sur la fin de cette vie par le récit de quelques-uns des principaux. Où toutes fois je renouvelle la protestation que j'ay faite dès le commencement, de sousmettre absolument tout ce que j'en pourray dire aux ordres de la Sainte-Église, à laquelle il appartient d'éprouver de telles actions, si elles sont de vrays miracles ou non, dont il me suffit de faire le simple raport en suite des mémoires que l'on m'en a donnés.

§ XXVIII

DE QUELQUES GUÉRISONS MIRACULEUSES ARRIVÉES DEPUIS LE DECEDS DE FEU M. ROBERT GUERITEAU

Nicolas Houllier, marchand de vin à Mante, et Catherine Chevalier, sa femme, gens de bien et d'honneur et que le deffunt affectionnait beaucoup, ont témoigné à M. le Doyen, en qualité d'Official de Monseigneur de Chartres à Mante vers la fin de l'année 1647, que leur fille nommée Ursule, filleule du même deffunt, estant travaillée d'une fièvre chaude et continue qui luy prit entre septembre et octobre 1644, âgée lors de six ans, fut abandonnée des médecins. Et alors, cette mère, pour dernier recours, se transporta sur le tombeau de M. Gueriteau, la veille de la feste de tous les Saincts suivante, au matin, et y pria Dieu pour la santé de sa fille, invoquant les suffrages de ce charitable parrain, à mesme intention. Et sur le soir, cet enfant commença visiblement à se mieux porter, si-tost que cette mère luy eut mis sur la teste un morceau du suaire du deffunt, qu'elle gardait avec grande vénération, et depuis l'enfant continua à se mieux porter jusques à une parfaite guérison qui fut au jour de la huitaine. De plus cette même mère adjouste que, pour son particulier, elle avait receu allégement et guérison en ses maladies ordinaires, aux maux de teste, incontinent après qu'elle avait fait ses prières sur le même tombeau, ou qu'elle avait appliqué ce morceau de suaire sur sa teste.

Ces mesmes personnes ont déposé qu'une autre de leurs filles, nommée Catherine, un an après la maladie d'Ursule, petit enfant d'un an alors, fut malade d'une fièvre continue, avec des convulsions extraordinaires, et abandonnée des médecins commençait à jetter les hoquets et les aboys de la mort; et qu'estant sortis de la chambre pour ne pas voir expirer cet enfant, aussitost que cette mère eut fait ses prières et invoqué les mérites et les intercessions de ce saint homme, il lui amenda et elle revint en une parfaite santé huict jours après, au grand estonnement des médecins de la ville qui l'avaient veu en la dernière extrémité.

Simon Gaulthier, sergent royal, aussi à Mante, et Anne de Saint-Aubin, sa femme, ont pareillement déposé devant M. le Doyen au mesme temps que dessus, qu'ayant un petit enfant nommé N., malade, au temps du deceds de M. Gueriteau, d'une langueur qui luy avait duré deux ans et demy, cet enfant était abandonné des médecins, les os luy perçans la peau et le mal ayant surmonté tous les remèdes. Et alors la mère s'avisa de le recommander aux prières de ce bon Pasteur; et, pour cet effet, elle fit une neufvaine sur son tombeau, disant cinq fois *Pater* et cinq fois *Ave* et fit célébrer une messe au bout de la neufvaine : et, dans cette neufvaine, l'enfant commença à se guérir et revint en parfaite santé. Ce qui arriva environ quinze jours après la mort de ce saint personnage, lequel, peu de jours avant son déceds, avait caressé cet enfant qui luy faisait grande compassion et pour lequel il avait de très grandes tendresses.

Marguerite Gaultier, veufve de feu Robert du Chesne, vivant archer en la maréchaussée de Mante, et une des filles spirituelles de ce bon Pasteur, a donné attestation, aussi au même temps, qu'une de ses filles, nommée Marguerite du Chesne, ayant esté travaillée d'une fièvre tierce qui luy avait duré l'espace d'un an à trois diverses reprises, fut guérie dans l'hyver après la neufvaine qu'elle et sa fille firent conjointement sur le tombeau de M. Gueriteau ayant amendé à cette fille dans la neufvaine; laquelle estant de l'âge de six ans ou environ, faisait ellemême ses prières de cinq *Pater* et de cinq *Ave*, en la présence de sa mère; et la mère faisant de son costé des prières pareillement à mesme intention; ce qui arriva environ dix-huit mois après la mort du deffunt.

Marguerite Le Febvre, femme d'un nommé Braut, tailleur d'habits, a déposé aussi pour son regard qu'ayant esté travaillée l'espace de sept ou huit ans d'hémoroïdes extraordinaires, estant sur le point qu'on luy allait appliquer les rasoirs, elle fût conseillée par une de ses sœurs, nommée Marie le Fèvre, de tenter le remède du Ciel, par les intercessions de ce bon Père; à quoy elle se résolut. Et cette bonne sœur ayant fait une neufvaine sur le tombeau de ce charitable Pasteur, elle fut incontinent et parfaitement guérie, et depuis elle n'a plus ressenty de semblables douleurs. M. le Doyen a rédigé en des actes publics ces dépositions avec grand nombre d'autres. Mais il est remarquable que perpétuellement, encore à présent, l'année 1649, il se fait des prières et des neufvaines sur ce même tombeau pour toutes sortes de maladies de corps et pour des afflictions d'esprit; ce qui a commencé incontinent après le deceds de ce vénérable personnage et a continué sans interruption, par un concours non seulement des habitants de la ville de Mante, mais aussi des villages circonvoisins, particulièrement de ceux du village de Limay dont beaucoup disent communément qu'ils n'ont point besoin d'autre médecin que luy en leurs maux, de même qu'il estait leur Père et leur conseil pendant sa vie. Or, ce concours fréquent et continu, joinct à la bonne vie, est la marque la plus évidente de la sainteté des hommes, au jugement des plus spirituels, et est réputé par eux un miracle perpétuel, la voix du peuple estant prise en ces cas pour la voix de Dieu. Mais surtout je ne dois point passer sous silence ce qui est arrivé à la personne du R. Père Jean Robin, nepveu du deffunct par sa mère Claude Gueriteau, sa sœur, très digne religieuse de l'ordre des

Minimes; lequel en suitte de quelques travaux extraordinaires en l'exercice de la prédication, estait demeuré absolument perclus, l'espace de cinq ou six années entières, de l'usage de la jambe et de la cuisse, où il y avait plusieurs ouvertures, où les chirurgiens travaillaient sans cesse. Donc ce fidelle nepveu, entendant au bois de Vincennes, où il demeure encore aujourd'hui, la renommée des miracles après la mort de son très honoré oncle, il escrivit à la Révérende mère alors Barbe Botté, dite de Saint-Augustin, supérieure des religieuses de la maison de Saincte-Ursule de Mante, de laquelle il a été parlé cy-devant, sa cousine germaine et niepce du deffunt par sa mère Anne Gueriteau, que si elle et sa communauté luy pouvaient obtenir guérison par leurs prières, en invoquant les mérites et les suffrages de ce charitable parent auprès de son cœur qui estait dans leur maison, ce serait un miracle tout évident et irréprochable. Pourquoy de sa part il désirait aussi joindre ses prières à mesme intention, demandant toutes fois à Dieu la seule grâce de marcher un peu et de pouvoir plier les jambes suffisamment pour célébrer la saincte messe. A cet effet cette bonne cousine et supérieure, avec cette charitable communauté, ayant volontiers acquiescé à de si justes désirs, elles firent une neufvaine de prières auprès de son cœur à cette intention, ajoutant à la fin de leurs prières l'hymne *Iste confessor*, en l'honneur de ce grand serviteur de Dieu : laquelle la neufvaine estant achevée, ce bon religieux commença, au plus fort de l'hyver, qui estait vers le temps de la Purification 1647, à manier sa jambe et sa cuisse, et à marcher, et ce qu'il avait désiré à célébrer la saincte messe; ce que grâce à Nostre Seigneur il a tousjours continué depuis. Tellement que rescrivant peu de temps après à cette bonne cousine il luy déclara que selon sa pensée il avait receu la guérison par une voye miraculeuse et par les mérites de son oncle et le sien, M. Robert Gueriteau, veu que sa maladie estait jugée incurable par les plus experts. Et néantmoins voilà que, depuis plusieurs années, il jouit d'une pleine santé et qu'il exerce librement toutes les fonctions de son ordre et qu'il en supporte sans dispense toutes les rigueurs et les austérités.

§ XXIX

DE SON ÉPITAPHE LATIN ET FRANÇOIS

Pendant les esclats de toutes ces actions extraordinaires, les Religieuses de la Maison de Saincte-Ursule firent graver en marbre cet épitaphe latin, qu'elles ont fait dresser auprès de son tombeau :

Adsta Viator et boni Pastoris, hoc in marmore vultum agnosce.

Hic proxime quiescit Reverendus ille Dominus et pater Robertus Gueriteau, Pontesianus, sacrae Theologiae Doctor sociusque Sorbonicus, in hâc Ecclesiâ Pastor canonicus, necnon gymnasii hujus urbis moderator : qui toto unius ferè et viginti annorum curriculo, urbem doctrinâ ac pietate indefesso labore pavit et coluit. Pauperum aequè ac divitum saluti, summâ curâ invigilavit et adfuit; peculium omne, tum pauperibus tum aliis, plurimum etiam inter vivos, piis causis erogavit, patrimonio heredibus relicto; clarissimum monialium cœnobium, quibus adolescentulae congruis honestisque formarentur disciplinis in hanc urbem, ut nil utrique juvenum sexui deesset, erudiendo aedes ad D. Ursulae sacras, evocavit.

Totam Domum omni officiorum bonorumque genere cumulavit. Aliarum sororum, sine votis, pietatem ac mores sanctimonialium profitentium, instituit collegitque cœtum quæ, sociam vitam agendo labore manuum vitæ necessaria sibi pararent, suas artes pauperes urbis puellas sine discrimine grati edocerent. Hacque ultimâ publicæ salutis curâ vigiliarumque metâ, diem supremum clausit vir optimus et gloriae Dei amantissimus. Anno aetatis 64 incepto, Domini verò, 1644 mense maio.

Ad tumulum celebresque miraculorum famâ charissimi Pastoris exuvias, populi advolare. Moniales autem supradicti cœnobii devotissimae, quas omnes pio amore paternâque curâ rector susceperat, apud quas etiam cor suum deponi voluit, memores beneficiorum viri, hoc monumentum posuere.

Elle a esté tournée en françois de ce stile :

Passant, arreste-toy un peu pour voir, dans la glace de ce marbre, le visage d'un bon Pasteur.

C'est le vénérable Monsieur Gueriteau, natif de la ville de Pontoise, Docteur en théologie de la maison de Sorbone, Curé et Chanoine de cette Église et Principal au Collège de cette ville. Son corps est icy proche, son âme est au ciel, son cœur en la maison de Sainte-Ursule, où étaient les chastes délices de sa vie [1].

1. *Castae delitiae meae scripturae tuare.* (Aug., *Confes.*, lib. xiii, c. 2.)

Il a orné et cultivé ce pays de toutes sortes de vertus, l'espace de vingt et une années; veillant et assidu au salut du pauvre, également connu au riche; c'estoit la lumière des bons, l'adresse des égarez, l'azile des misérables, le père et le nourrissier des nécessiteux. A l'employ qu'il a fait perpétuel de ses biens aux œuvres de piété, il a eu soing pareillement de ses parents auxquels il a laissé la valeur de ses propres par une prudente charité. Il a fondé et estably en cette ville le célèbre couvent des Religieuses de Saincte-Ursule, pour l'instruction générale et particulière des filles. Il y a encore étably une communauté de veufves et de filles, sous le nom de la congrégation, pour vivre entre elles en commun du labeur de leurs mains et apprendre gratuitement aux pauvres filles de la ville à gaigner leur vie ou des métiers honnestes avec les bonnes mœurs.

Ce charitable Pasteur a fermé ses jours, par cette dernière action, au bien du public, et est décédé en l'année 64 de son âge, et du salut 1644, au mois de May.

Son tombeau s'est veu honoré incontinent d'un concours de peuples qui invoquaient ses suffrages; et la renommée de ses miracles s'est répandue de toutes parts.

Ses chères Filles de Sainte-Ursule, dépositaires du gage le plus précieux de ses affections, pour ne pas manquer à aucune action de gratitude à la mémoire de ce bien-aymé Père, leur fondateur et directeur, ont fait dresser ce monument à ses vertus.

FIN

www.ingramcontent.com/pod-product-compliance
Ingram Content Group UK Ltd.
Pitfield, Milton Keynes, MK11 3LW, UK
UKHW021516260726
13993UKWH00004B/1705